LES

ERRATA HISTORIQUES MILITAIRES

PAR TH. JUNG

CAPITAINE D'ÉTAT-MAJOR.

« Notre vraie histoire de France est
« encore enfouie dans la poussière de
« nos chroniques contemporaines. »

AUGUSTIN THIERRY,

Lettre I sur l'histoire de France.

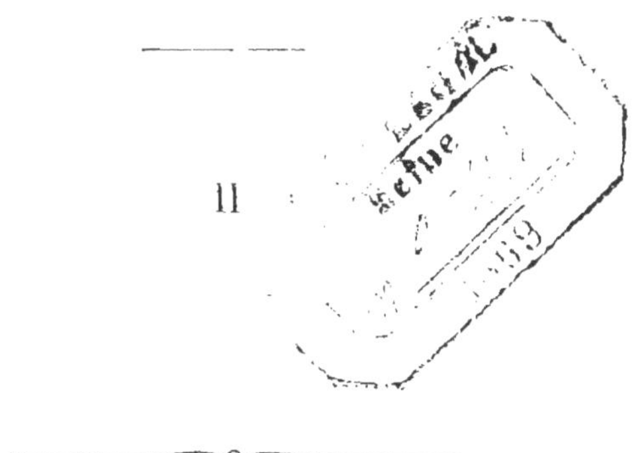

II

PARIS

BUREAUX DE LA REVUE MILITAIRE FRANÇAISE

11, RUE SAINT-DOMINIQUE, 11

1869

Extrait de la REVUE MILITAIRE FRANÇAISE.

PARIS. — TYPOGRAPHIE HENNUYER, RUE DU BOULEVARD, 7.

A MONSIEUR CAMILLE ROUSSET,

C'est avec vous pour guide sur les bancs du collége que j'ai fait mes premières armes dans l'étude si intéressante de l'histoire de mon pays. Plus tard encore, près de vous, les hasards de la vie m'ont mis à même de me livrer plus complétement à ces travaux attachants. Permettez-moi donc de placer sous votre patronage ces essais de l'officier d'état-major.

Si parfois nous devons différer dans l'appréciation de quelques caractères, de quelques faits militaires de cette curieuse époque du milieu du dix-septième siècle, époque qui correspond aux ministères de Mazarin et de Le Tellier, n'en accusons que les divergences de l'esprit humain et des carrières que nous avons parcourues. N'est-ce point du choc des opinions que naît la lumière? N'avons-nous pas d'ailleurs un seul et même désir, un seul et même but, celui d'apporter notre pierre à l'édifice de l'histoire de notre belle patrie? et, dans cet ordre d'idées, je ne puis exprimer qu'un souhait, celui d'essayer de suivre de loin la voie que vous m'avez tracée d'une main si autorisée.

Votre reconnaissant élève,

Le capitaine d'état-major,

TH. JUNG.

LES

ERRATA HISTORIQUES MILITAIRES

De la méthode dans l'histoire. — Les erreurs historiques à propos du secrétaire d'Etat de la guerre Michel Le Tellier. — Le pourquoi de ces erreurs. — Les écrivains militaires des dix-septième et dix-huitième siècles. — Endroits où l'on peut retrouver des documents suffisants pour la rectification de ces erreurs et particulièrement de celle relative à la création du dépôt de la guerre. — Liste des principales dépêches que l'on peut consulter pour l'étude militaire du temps de Louis XIV.

Depuis quelques années déjà, un intérêt de plus en plus considérable paraît s'être attaché aux études historiques. Il s'est produit une sorte de travail intérieur dans la manière de vouloir apprécier les faits qui ont contribué à la formation de l'état social actuel. On a paru comprendre que ce n'était pas en se bornant à des généralités, en rapportant sans vérification des travaux plus ou moins bien coordonnés, des déductions plus ou moins bien amenées qu'on devait écrire l'histoire. On a semblé désirer non-seulement approfondir les actions humaines, mais encore connaître les acteurs, leur caractère, leur milieu, les intérêts qui les ont dirigés et l'enchaînement qui peut exister entre ces faits dont l'homme se trouve être l'intermédiaire obligé, instrument passif, inconscient le plus souvent du mobile qui le meut et de l'influence des idées qu'il subit. Aussi là où les originaux existent, où la pensée même du chef, du gouvernant, du politique est flagrante, c'est devenu une obligation pour l'historien d'y aller puiser. A cette condition seule, il peut espérer imposer son opinion par les preuves d'un travail consciencieusement fait, et par cela même s'exposer le moins possible à des chances d'oublis et d'aperçus trompeurs.

Cette manière de procéder d'ailleurs n'est que le corollaire d'une idée plus vaste : l'histoire de la nation faite par tous et pour tous.

Ce qui semble manquer à première vue, quand on envisage d'ensemble les travaux entrepris, c'est un esprit de méthode. Les ouvrages sont nombreux, remarquables parfois, diffus, incohérents le plus souvent.

Histoires dites *générales*, aperçus critiques, monographies, mémoires, articles de gazettes, panégyriques, lettres et généalogies, tels sont les moyens employés dans les temps modernes pour perpétuer les événements du passé et les présenter à l'appréciation et à la méditation des citoyens d'un pays.

Eu égard aux siècles qui se sont écoulés depuis l'organisation des sociétés, les conquêtes de l'esprit humain sont de date plus que récente. Avec le dix-neuvième siècle seulement s'est acquis pour les hommes le droit de comparer et de juger, pièces en mains, les faits et les mobiles qui ont amené ces mêmes faits, et surtout de les coordonner et de les rattacher à une vaste étude, la philosophie de l'histoire, compagne obligée d'une autre philosophie plus vaste, la philosophie de la nature.

Quatre-vingts années seulement nous séparent de 1789, et cependant quel abîme entre les arcanes des gouvernements de cette époque et les livres bleus, verts ou jaunes, plus ou moins complets, que les gouvernants actuels se voient obligés de livrer chaque année à l'esprit critique de leurs commettants!

Jusqu'au dix-neuvième siècle, les documents mis à la portée des hommes étaient peu nombreux par rapport aux intérêts qui avaient dirigé les actes des chefs, et les écrivains à même de les étudier étaient encore plus rares que les documents. Le cadre dans lequel pouvait se mouvoir cet examen individuel était fort restreint. L'histoire n'était qu'une compilation de faits tronqués, dans laquelle on rassemblait tout ce qui pouvait se prêter à la louange de la personne ou du gouvernement dont l'écrivain devait parler. . . . . .

. . . .

Pour juger cette grave question, quel autre guide prendre que notre maître à tous en fait d'analyse historique, Augustin Thierry? quel autre langage que le sien pour mieux exprimer l'opinion que nous préconisons?

« Je ne sais si je me trompe, dit le célèbre historien dans sa « Lettre Ire sur l'histoire de France, mais je crois que notre « patriotisme gagnerait beaucoup en pureté et en fermeté si « la connaissance de l'histoire et surtout de l'histoire de « France se répandait plus généralement chez nous et deve- « nait en quelque sorte populaire. En promenant nos regards « sur cette longue carrière ouverte depuis tant de siècles, où « nous suivons nos pères, où nous précédons nos enfants, « nous nous détacherions des querelles du moment, des re- « grets d'ambition ou de parti, des petites craintes et des « petites espérances; nous aurions plus de sécurité, plus de

« confiance dans l'avenir, si nous savions tous que dans les « temps les plus difficiles jamais la justice, la liberté même « n'ont manqué de défenseurs dans ce pays. L'esprit d'indé- « pendance est empreint dans notre histoire aussi fortement « que dans celle d'aucun autre peuple ancien ou moderne. « Nos aïeux l'ont comprise, ils l'ont voulue comme nous, et « s'ils ne nous l'ont pas léguée pleine et entière, ce fut la « faute des choses humaines et non la leur, car ils ont sur- « monté plus d'obstacles que nous n'en rencontrerons ja- « mais.

« Mais existe-t-il une histoire de France qui reproduise « avec exactitude les idées, les sentiments, les mœurs des « hommes qui nous ont transmis les noms que nous portons « et dont la destinée a précédé la nôtre ? Je ne le pense pas. « L'étude de nos antiquités m'a prouvé tout le contraire, et « ce défaut d'une histoire nationale a contribué peut-être à « prolonger l'incertitude et l'irritation des esprits. La vraie « histoire nationale est encore ensevelie dans la poussière « des chroniques contemporaines.

« Personne ne songe à l'en tirer, et l'on réimprime encore « des compilations inexactes, sans vérité et sans couleur, que, « faute de mieux, nous décorons du titre d'*histoire de France*. « Dans ces récits vaguement pompeux, où un petit nombre « de personnages privilégiés occupent seuls la scène histo- « rique et où la masse entière de la nation disparaît derrière les « manteaux de la cour, nous ne trouvons ni une instruction « grave, ni des leçons qui s'adressent à nous, ni cet intérêt « sympathique qui attache les hommes au sort de qui leur « ressemble. . . . .

. . . .

« Le travail de rassembler en un seul corps de récit tous « les détails épars ou inconnus de notre véritable histoire « sera long et difficile ; il exigera de grandes forces, une sa-« gacité rare, et je dois me hâter de dire que je n'ai pas la « présomption de l'entreprendre. »

En cela M. Augustin Thierry avait tort de préjuger de lui. Comme individualité, il ne pouvait évidemment espérer embrasser cette vaste synthèse historique, mais au moins il eût pu tracer la voie. Ce que des forces individuelles, isolées, ne pouvaient faire ; accumulées, groupées en faisceau, elles avaient le devoir de l'entreprendre.

Nous avons énuméré tout à l'heure les moyens que l'histoire avait eus pour se perpétuer jusqu'à nous. En première ligne se trouvent les *histoires* de France. Voici ce que, dans ses lettres, pense Augustin Thierry de quelques-uns des auteurs de ces histoires :

« L'*Histoire de France* de l'abbé Vély (1) ! C'est un nom « que je ne puis entendre sans une sorte de colère ! s'écrie-« t-il indigné. Son continuateur Villaret (2), en parlant de lui « dans sa préface, dit qu'il a su rendre fort agréable le chaos « de nos premières années. De fait, dans tout son ouvrage, « il n'y a de vrai que le mot *agréable*. »

L'*Histoire de France*, par Mézeray (3).

(1) L'abbé Pa.-F. Vély, jésuite, Reims, 1709-1759. *Histoire de France*, en 30 volumes in-12. (Les 8 premiers seuls sont de lui.)

(2) Cl. Villaret, historien, Paris, 1717-1766. D'abord comédien, ensuite commis à la Chambre des comptes. Il fut chargé de continuer l'histoire de l'abbé Vély, histoire qui s'arrêtait à l'année 1329.

(3) F.-Eudes de Mézeray, historiographe du roi, secrétaire perpétuel de

« Mézeray ne vise pas à l'exactitude, ajoute Augustin « Thierry. D'abord Mézeray n'y tient pas. Il confesse naïve- « ment à Ducange que l'étude des sources lui aurait donné « trop de fatigue pour peu de gloire. »

Le père Gabriel Daniel (1), jésuite, vient ensuite avec une *Histoire de France* et une autre sur la milice. Ce travail est trop considérable pour un homme placé en dehors des moyens d'examen et le force à devenir un compilateur et un panégyriste.

« Son intrépidité ne se soutient pas, prétend Augustin « Thierry dans sa lettre IV ; elle s'affaiblit à mesure qu'il s'é- « loigne des époques anciennes, les seules sur lesquelles il « ait fortement travaillé. Son succès révèle dans ses lecteurs « une première lueur de ce que l'on pourrait appeler le vrai « sentiment de l'histoire ; sa chute prouve que la moralité du « public l'emportait sur son goût pour la science. »

Malheureusement il n'en est pas réellement ainsi. De pareils travaux sont restés dangereux, et de nos jours un officier, un écrivain militaire croit avoir tout dit, tout prouvé quand il a cité Daniel ou Pinard.

Anquetil, qui paraît à la fin du dix-huitième siècle, est jugé avec la même sévérité par Augustin Thierry.

Qu'ont pu faire ceux qui, plus tard encore, ont essayé de reconstruire une histoire de France pour le goût moderne ? Rien.

Quelque désir qu'ils aient eu d'exécuter un travail con-

l'Académie française (1610-1683). *Histoire de France*, publiée de 1643 à 1651.

(1) Ga. Daniel, jésuite, Rouen (1649-1728). *Histoire de France*, 17 volumes. *Histoire de la milice française*, 2 volumes in-4°.

sciencieux, ils se sont vus dans la nécessité d'accepter, comme articles de foi, ce qu'avaient avancé leurs prédécesseurs, et par cela même obligés de s'éloigner encore davantage de la vérité par suite de leurs opinions personnelles, basées le plus souvent sur des faits inexacts.

Les *mémoires* ne sont que l'expression des événements entrevus par le petit bout de la lorgnette d'un particulier. Ils ont un intérêt, mais un intérêt tout de détail. Ils permettent de juger plus finement, au besoin d'ajouter une touche au tableau qu'on reproduit; mais comme ces touches qui font le cachet de l'œuvre d'un artiste, ils réclament une main délicate qui sache en apprécier la qualité et l'importance. Les faits que les mémoires donnent ne prennent de valeur qu'en raison de la valeur même de l'individu, de l'honnêteté de ses vues, de la position qu'il a occupée. En tout cas, ils ne doivent jamais être acceptés que sous bénéfice d'inventaire. L'intérêt individuel, l'intérêt de famille malheureusement se trouve présider à la publication de ces documents. Ce n'est la plupart du temps qu'une réclame, un piédestal que l'on s'élève à soi-même ou un *exeat*, un certificat de bonne vie et mœurs qu'on sollicite de ses concitoyens et de la postérité.

Pour mieux comprendre le danger de l'emploi de ces mémoires, prenons, à propos du sujet qui nous occupe, un exemple dans un des ouvrages les plus consciencieux et les plus récents, la publication des *Lettres et Mémoires de Colbert*, par M. P. Clément. Lorsque, dans son introduction, en présence de cette correspondance curieuse de Mazarin, de Le Tellier et de Colbert, M. P. Clément se trouve obligé de parler de Le Tellier, il croit ne pouvoir rien mieux faire que se servir des *Mémoires* de l'abbé de Choisy, ces mémoires que Voltaire, quoique sans preuves suffisantes, jugeait déjà sévèrement au dix-huitième siècle, en disant qu'on y trouve beaucoup de choses vraies, quelques-unes fausses et beaucoup de hasardées.

L'abbé de Choisy, « qui avait connu Le Tellier, ajoute « M. Pierre Clément, en trace un portrait dont la touche fine « et délicate rappelle ceux de Saint-Simon, moins l'ampleur « et le relief. »

Ce portrait satirique a été généralement copié par tous les historiens modernes. Or a-t-on jamais réfléchi à l'âge que pouvait avoir l'abbé de Choisy quand Le Tellier arrivait au poste de secrétaire d'Etat de la guerre ? Le futur abbé des ruelles, le futur modèle de *Faublas*, celui qui jusqu'à trente ans se déguisait en femme sous le nom de comtesse de Barres, n'était pas encore au monde.

« C'est encore l'abbé de Choisy, dit M. Pierre Clément, qui « a recueilli le mot terrible de Turenne à propos du rôle de « Colbert et de Le Tellier dans le procès de Fouquet : « Je « crois que M. Colbert a plus d'envie qu'il soit pendu et que « M. Le Tellier a plus peur qu'il ne le soit pas. » A l'époque où cet événement se passe, le jeune de Choisy a dix-sept ans et n'est pas à Paris, mais à Metz, chez les pères. A la place de Turenne, mettons un maréchal de France actuel ; au lieu de Fouquet, Le Tellier, Colbert, prenons des fonctionnaires élevés de notre époque ; remplaçons Mme de Choisy par une jeune femme des plus à la mode ; et au sujet d'événements récents, reconstruisons par imagination un propos tenu à la table de cette évaporée, propos entendu par son fils (l'abbé de Choisy), collégien à la rue des Postes, et nous pourrons nous faire une idée à peu près juste de la valeur réelle de cette phrase qu'on a ressassée et rendue historique. D'ailleurs dans la famille de Choisy ne peut-il pas exister d'autres motifs de rancune contre Le Tellier, rancunes d'intendant, d'origine, de carrière?

Relativement à ce jugement de Fouquet, on procède à l'égard de M. Le Tellier comme actuellement pour un prévenu en police correctionnelle. Il a intérêt à commettre le crime, donc il est le coupable. Puis, si l'on se trouve en présence de nombreuses lettres d'intérêt de Le Tellier à Mme Fouquet et à sa famille, on incrimine encore Le Tellier en l'accusant de duplicité. Avant tout, il ne faut pas mettre en doute le portrait de M. l'abbé de Choisy.

Nous verrons plus tard, à son heure et place, par les lettres explicites de Louis XIV à sa mère, par les autographes intéressants publiés par M. Ravaisson dans son remarquable livre sur la Bastille, l'intérêt que l'on doit attacher à ces documents.

Ab uno disce omnes. Montglat, Saint-Simon, etc., ne présentent pas plus de garantie. A chaque instant, ils fourmillent d'erreurs, non-seulement d'appréciation, ce qui est permis, mais encore d'erreurs de dates et de faits, ce qui est plus grave. Ceci nous conduit donc à répéter, comme M. Chéruel dans son *Fouquet*, cet axiome vrai : « On ne « doit se servir des mémoires qu'avec la plus grande cir« conspection. »

Les *panégyriques*, nous n'en parlerons pas. Le mot indique suffisamment la valeur qu'on doit y attacher.

Les *gazettes* sont ce qu'elles seront de tous les temps : un océan de faits où la vérité court des chances de demeurer éternellement noyée. Voici ce qu'en pensait déjà Condé en 1648, et ce qu'il écrit du Castelet au secrétaire d'Etat de la guerre Le Tellier, le 2 juillet (1) :

« Quoique je ne me sois jamais beaucoup soucié des im-
« primés de gazette, je ne puis pourtant m'empêcher de
« vous dire que je trouve assez étrange l'article qui fait men-
« tion de l'affaire d'Ostende... d'autant que je sais que le
« gazetier ne met jamais rien au jour, qu'auparavant il n'ait
« été corrigé et lu à la cour...

« Votre très-affectionné à vous servir,

« Louis DE BOURBON. »

Les *généalogies* ont leur importance comme classement, comme points de repère, mais à la condition expresse de n'être pas l'œuvre des intéressés et de s'appuyer, dans les détails émis, sur des preuves authentiques dûment citées.

Les *monographies* sont un acheminement vers l'appréciation juste des individus et un moyen pour arriver à démêler la part convenable qu'il faut leur attribuer dans l'histoire. Avec l'immensité des documents que les hommes se trouvent avoir en main, avec la difficulté des recherches et le temps qu'elles réclament si elles veulent être consciencieuses, ces études correspondent mieux au cadre étroit que ces mêmes hommes peuvent embrasser et leur permettent de grouper autour d'un seul personnage des pièces suffisantes pour avoit tout au moins une approximation convenable de la vérité.

(1) Lettre autographe, p. 97, v. 106 (dép. g.).

La *correspondance* d'un homme qui a servi son pays n'est qu'une monographie de ce même personnage. Ce n'est réellement qu'un dictionnaire, une sorte de table alphabétique de faits ou d'idées pour servir à l'élucidation des questions contemporaines. C'es également un des moyens les plus naturels pour arriver à bien connaître l'histoire, mais ces travaux n'ont de valeur qu'en raison de la sincérité parfaite avec laquelle ils ont été entrepris et livrés à la publicité. Une lettre tronquée, passée ou supprimée, c'est tout simplement un vol commis envers la nation, un cachet indélébile de méfiance pour le reste du travail. Ces correspondances ressemblent aux témoignages qu'on fait en justice ; elles ne veulent à aucun prix, de près ou de loin, l'immixtion de quelque parent ou allié jusqu'au degré le plus éloigné. Ce ne sont que des êtres neutres qui peuvent avec quelque chance d'impartialité réunir et grouper ces documents qui représentent la vie intellectuelle ou privée d'un homme d'Etat.

Les *études critiques* sont analytiques ou synthétiques, suivant le cas. L'étude analytique est exécutée par les compilateurs, les auteurs de monographies, les amateurs de correspondances.

Ces détails, ces morceaux détachés, une fois obtenus, ont besoin d'être ressoudés et forment l'étude synthétique qui plus tard doit servir à la grande étude philosophique de l'histoire.

Ce premier labeur, c'est la tactique dans l'histoire, c'est-à-dire le travail sur pièces, sur les documents eux-mêmes.

Le second en comprend la stratégie. On condense, on néglige les inutilités, les menus faits ; on s'élève, on voit d'ensemble. Tout le monde, en histoire, peut être tacticien : c'est une affaire de métier; mais bien peu, comme dans l'art militaire, sont capables de devenir de réels stratégistes.

L'histoire peut être représentée, mathématiquement parlant, par une série d'équations où se retrouvent chaque fois des termes vrais et des termes inconnus.

Les termes vrais de ces équations ne sont autres que les dates, les batailles, les naissances, les morts, les lois, les ordonnances, etc., la nature des milieux, les caractères des individus qui ont vécu dans ces mêmes milieux, etc.

Les termes inconnus sont représentés par les mobiles, les causes, les intérêts multiples qui ont amené ces événements.

Le dernier terme enfin, qui n'est autre que la conséquence du fait qui permet de remonter à la loi primordiale, à la loi des actions humaines, forme la dernière inconnue à dégager. L'étude analytique se borne donc à donner les faits à l'état brut, mais véridique. L'étude synthétique dégage successivement les termes inconnus au moyen de ceux connus. L'étude philosophique en dernier lieu recherche la grande inconnue finale qui doit devenir l'expression approximative de l'histoire de l'avenir et des leçons à retirer de l'expérience acquise.

Ce qu'il faut donc pour mener ce grand travail à bonne fin, c'est une méthode et de l'ordre dans cette méthode.

Dans toutes les études des sciences qu'embrasse l'esprit humain, rien n'est absolu. C'est un immense entassement de faits qu'on cherche à coordonner, à accroître tous les jours par des découvertes nouvelles pour arriver à trouver la loi qui les régit. En astronomie, chaque étoile, chaque phénomène céleste est un élément de plus pour obtenir une approximation plus grande des lois qui gouvernent l'univers. Et en cela les astronomes, plus heureux que beaucoup de leurs collègues en travaux scientifiques, savent se communiquer *urbi et orbi* les observations faites ou obtenues, de manière à faciliter les recherches de leurs émules et de leurs successeurs.

En paléontologie, tout débris vient immédiatement prendre sa place dans le vaste échiquier de l'échelle des êtres, resserrer les anneaux de la grande série de la vie animale.

En zoologie, botanique, minéralogie, chimie, météorologie, physique, physiologie, tout fait ou élément nouveau, du moment qu'il surgit ou est déclaré vrai, se trouve aussitôt classé à sa place exacte pour former une soudure ou un échelon de plus.

La philologie, de beaucoup la plus difficile des sciences, par suite de l'amplitude des connaissances qu'elle réclame pour embrasser les langues, leur liaison, pour en coordonner les divers éléments, la philologie elle-même, cette compagne obligée de l'histoire, cherche également sa voie dans cette phase philosophique. Ce n'est donc qu'à force de patience, d'unité dans le but, d'ensemble dans la marche de l'étude et de l'observation que les sciences arrivent et arriveront à s'y reconnaître dans l'immense fournaise des découvertes humaines.

Ce que ces sciences ont nécessité, l'étude de l'histoire le réclame plus qu'impérieusement, car l'étude de l'histoire, c'est la morale des nations, la morale des gouvernements, le critérium infaillible où ils doivent passer et le moyen donné à ceux qui viendront après nous pour améliorer leur état par le fait de l'exemple et de la comparaison. Plus on va, plus les faits, les écrits, les ressources qui peuvent servir à découvrir cette grande loi de l'histoire sont nombreux, et réclament un ordre admirable et ce que nous appellerons *la méthode dans l'histoire*.

Rien qu'à envisager la grandeur du travail à entreprendre, on peut rester effrayé, et cependant, à le déduire, croyons-nous, il est d'une simplicité remarquable et à la portée de de tous ; mais, avant tout, ce qu'il exige, c'est de l'ordre.

Dans toutes les sciences, le travail de classement est facile et convient assez à la paresse humaine. Le fait est le fait ; l'étoile, la planète observées, le calcul qui a abouti, la plante nouvelle recueillie, l'analyse chimique réussie, le corps simple découvert, le fossile désagrégé de son enveloppe de calcaire, etc., sont des résultats d'une nature concrète que l'homme saisit vite, peut étiqueter de suite, et qui présentent à son esprit une base certaine et plus commode pour la recherche suivante.

Dans tout fait historique, du moment qu'il est passé, il y a toujours le fait brut, qu'on peut accrocher tout aussitôt au porte-manteau de l'histoire, à la place indiquée, et qu'on peut transporter à droite ou à gauche, dans telle ou telle série, suivant la nature du groupement qu'on veut adopter, généalogie, récits, mémoires, histoire ou monographie. Mais ce fait en lui-même n'est que la résultante de plusieurs forces, le travail, les intérêts, les passions de l'homme, et, en second lieu, les conséquences du milieu où ces mêmes travaux, intérêts et passions ont été appelés à se produire. Ce sont là les éléments qui compliquent la question et éloignent à première vue ceux qui veulent se livrer aux études historiques. S'ils ont de l'imagination, ils préfèrent créer et faire sortir de leur cerveau une époque toute de fantaisie; s'ils n'en ont pas, ils se contentent de déduire les événements et de les égrener comme un chapelet en psalmodiant quelques phrases toujours identiques qu'ils ont ramassées toutes forgées dans les colléges et dans les mémoires suffisamment brillants des contemporains.

De l'ordre donc et de la méthode!

Comment amener cet ordre? Comment comprendre cette méthode? Voici ce que nous allons essayer de montrer.

L'étude analytique comprend ce que nous appellerons *la période de chasse*. A cette chasse se livrent les confectionneurs, les amateurs d'autographes, les bibliophiles; puis, sur une plus large échelle, comme représentants de leur pays, MM. les bibliothécaires qui, dans leurs bâtiments respectifs, ramassent et reçoivent de tous les côtés livres et manuscrits. Ce seront les tirailleurs de l'histoire. Ce service, essentiellement d'esprit français, est parfaitement compris et exécuté de nos jours. Le gibier pris, on le prépare suffisamment dans chaque collection, en l'étiquetant et le plaçant sur un rayon d'une même époque, d'une même science. Mais c'est là généralement que s'arrête le travail. Le classement sérieux, le classement utile n'existe point.

A une époque comme la nôtre, qu'on peut appeler pour les arts et les sciences une époque de curiosité, comme elle est dans les faits et dans la société une époque de transition, le public, devenu sceptique, méfiant en politique ainsi qu'en religion, ne croit plus à rien. C'est sous l'influence de ce qui se passe actuellement que les Guizot, les Paul Lacroix, les P. Clément, les Camille Rousset, Ravaisson, Feuillet de Conches, etc., pour intéresser leurs lecteurs, n'ont fait que des promenades à travers l'histoire, groupant autour d'une idée, d'une action, d'un homme le plus de preuves qu'ils ont pu trouver.

MM. Pierre Clément, Ravaisson, Chéruel, ont publié des correspondances, mais incomplètes forcément. M. Pierre Clément, à l'exemple de presque tous ses prédécesseurs et successeurs, avoue, dans sa préface, avoir retranché des lettres qui lui paraissaient inutiles. De quel droit? Telle dépêche qui n'a point de valeur pour celui-ci peut en avoir pour celui-là. De plus, avant qu'une deuxième édition corrigée ou augmentée paraisse, ou qu'un autre écrivain ose entreprendre la tâche d'un de ces messieurs, il s'écoulera un temps considérable pendant lequel les curieux, les érudits et ceux qui se livrent à l'étude synthétique de l'histoire ne pourront et ne sauront comment se reporter aux pièces originales et se verront obligés de se contenter de ce qui a été publié. La même observation s'applique à la correspondance de Napoléon Ier. Or les lettres, pour présenter un intérêt réel et éviter des recherches indéfinies, réclament impérieusement à côté d'elles les demandes et les réponses qui les ont occasionnées.

Donc le travail des correspondances, au lieu d'être trop hâtif à se faire imprimer, ne doit exister qu'à l'état de feuillets mobiles, de manière à permettre de combler journellement les lacunes, en ajoutant les pièces nouvelles originales ou copies d'originaux dûment certifiées, à quelque endroit du monde qu'ils aient été retrouvés.

Ces correspondances, au lieu d'être publiées en volumes qui demandent beaucoup d'argent, paraîtraient dans une grande *Revue nationale de l'histoire*. Le verso de la page contiendrait la dépêche, le recto servirait à la demande ou à la réponse.

Sur une plus vaste échelle on pourrait appliquer l'idée de MM. Cherbuliez et Lacroix, appliquée dans leur petite publication de quinzaine, intitulée *l'Intermédiaire*, où chercheurs et curieux communiquent à distance et se font demandes et réponses.

Dans chaque bibliothèque, les bibliothécaires, entourés de leur état-major de copistes et d'aides, comme le chef d'état-major d'une grande armée, auraient des casiers tout prêts dans lesquels ils n'auraient qu'à insérer la pièce ou la lettre importante reçue. Si la lettre était simple, on la classerait immédiatement. Si elle contenait des intérêts multiples, on en copierait le sommaire qu'on placerait dans les séries correspondantes. Si elle intéressait une autre ville, une autre bibliothèque, une autre nation, on la signalerait au moyen de *l'Intermédiaire*.

Un détail entre mille : à chaque instant dans nos recherches il nous est arrivé de retrouver des pièces fort curieuses qui concernaient Colbert, Mazarin, Louis XIV, Turenne, Condé, etc. ; à qui pouvions-nous les signaler ? à quel *Intermédiaire* pouvions-nous nous adresser ? Il en est de même pour ceux qui rencontrent des pièces qui nous seraient de grande utilité.

Dans cet ordre d'idées, que l'on commence par nos bibliothèques ; il y a là un vaste travail d'échanges à faire. Qu'on n'oblige pas l'écrivain militaire, par exemple, à courir de bâtiment en bâtiment, d'archives en archives, à la recherche de documents qui l'intéressent et qui n'ont aucune valeur pour les théologiens, les numismates, les économistes, les artistes !...

A chaque établissement sa sphère propre. Que le dictionnaire d'Hœnel soit continué ! On simplifiera le travail et on abrégera le temps passé en courses fastidieuses. Que cette idée se généralise par toute la France, qu'un *Intermédiaire* en relie toutes les parties, et l'on pourra, en un temps relativement minime, arriver à avoir un ensemble de documents d'une valeur énorme.

Que les gouvernants qui savent donner 100 000 francs au cheval qui parcourt un espace donné en quelques minutes, que les gouvernants, disons-nous, consacrent quelque argent à cette idée, ils auront fait une œuvre méritoire. Si la race chevaline demande tant à être encouragée, l'esprit humain et l'amélioration de l'état social, il nous semble, ont bien droit à pareille faveur.

Tous les travaux de l'esprit ressemblent aux forces éparses dans la nature. L'industrie sait les réunir ; en les appliquant et en se montrant plus pratique que les historiens, elle a pu obtenir des résultats de plus en plus utiles, de plus en plus merveilleux. Les hommes, comme les sociétés dans lesquelles ces mêmes hommes se sont groupés, ont également des forces qu'il est urgent de coordonner si l'on veut en tirer une conséquence sérieuse. Évidemment l'esprit humain marche ; le besoin d'analyse, d'examen s'accroît sans cesse ; c'est donc un devoir pour chacun d'aider ce mouvement.

Que cette idée de recherches, de classement s'étende dans les autres pays où des documents d'une valeur énorme se trouvent enfouis, et l'on pourra arriver à coordonner les faits historiques des nations et à créer les bases d'une histoire universelle aussi véridique que possible. Dans cette belle phase de l'esprit humain, que la France, le premier des peuples par le hasard des circonstances, des événements de cette même histoire, par les conséquences de sa position, de son milieu et de son langage, donne l'exemple ! qu'elle se serve de son idiome si net, si précis, pour imposer un module unique à l'histoire !

Qu'elle prenne donc hautement dans toutes les branches, dans la grandeur des récompenses, sans distinction de race ou de peuple, dans l'attrait offert à tous les savants du monde entier, la direction suprême qui lui convient ! Si Paris est devenu un modèle comme monuments, comme vie matérielle, la grande ville est obligée de compléter son auréole par celle de l'art, de la science et de l'instruction. Les sciences et les arts sont comme les plantes, il leur faut la liberté et l'air pour s'épanouir, il leur faut un milieu satisfaisant pour produire.

Que Paris ait ses caravansérails de la science, comme elle a ses casernes et ses halles ! La science vaut bien une huître. Ce sera un pas de plus et un considérable vers la société de l'avenir, l'union des peuples, la facilité des rouages, l'extinction des vieilles routines.

Plus la machine est compliquée, plus la simplicité devient urgente et s'impose. Actuellement les faits de toute nature se pressent, se heurtent : il faut donc en dégager l'agencement et l'application. Tout est à changer dans l'ordre civil dans l'ordre militaire, dans l'ordre moral. L'immensité des richesses, des ressources, l'immensité de leur expansion réclament, comme corollaire, la simplification, l'unité. Or tout s'impose autour de nous dans le sens de cette transformation. Télégraphes, chemins de fer, costumes, etc., tout nous mène vers l'extinction de la variété pour arriver dans l'ordre physique, matériel et moral à l'unité. Sachons-le comprendre !

Mais laissons pour l'instant ces graves problèmes de l'histoire.

Dans le cadre plus restreint de l'histoire de France, que chacun prenne à parti un petit coin de nos fastes nationaux, que chacun dans sa sphère, dans l'étendue de ses moyens, apporte son contingent d'efforts et, comme le chirurgien qui fait une autopsie, se mette à fouiller ce grand cadavre qu'on intitule *notre passé*, alors il nous sera possible de parfaire l'œuvre qu'avait rêvée Augustin Thierry.

Pour nous, c'est ce que nous avons essayé d'entreprendre relativement à une partie curieuse de notre histoire, à une période qui nous a paru être pour notre pays une époque de transition, d'évolution, correspondant en cela à un grand mouvement dans l'esprit humain et à la vie d'un homme qui s'en est trouvé l'un des agents les plus importants, Michel Le Tellier.

« Que faudrait-il pour compléter ces richesses? s'écrie « M. Pierre Clément à la fin de sa préface sur Colbert. A « notre avis, il suffirait de mettre au jour la correspondance « de Le Tellier, tant comme secrétaire d'Etat de la guerre « que comme chancelier, et celle de son fils Louvois, ce « violent et despotique organisateur de l'armée moderne. « Alors, mais seulement alors, l'histoire entière et vraiment « exacte du règne de Louis XIV pourra être écrite comme « elle mérite de l'être. »

Livré à nos propres forces, obligé de tâtonner au milieu de ces richesses que personne ne soupçonnait, nous avons appliqué à ce travail la méthode que nous avons indiquée.

1° Travail analytique (recherche des documents authentiques);

2° Travail synthétique (agglutination de ces mêmes documents);

3° Travail d'ensemble (influence — déductions — conséquences).

Une des figures les plus extraordinaires du dix-septième siècle est celle de Michel Le Tellier, secrétaire d'Etat de la guerre, chancelier de France. Né le 19 avril 1603, il était fils de Michel Le Tellier, seigneur de Chaville, et de Claude Chauvelin. Conseiller au grand conseil en 1624; procureur du roi au Châtelet (28 novembre 1631); maître des requêtes (1638); intendant à l'armée d'Italie (2 septembre 1639); secrétaire d'Etat de la guerre (11 avril 1643), entré en fonctions le 6 mai; membre du conseil de régence pendant la Fronde; remplacé momentanément ou fictivement au secrétariat de la guerre pendant les derniers mois de 1651; trésorier des ordres du roi (octobre 1652), démissionnaire de ces fonctions la même année; gratifié en 1655 de la survivance de sa charge pour son fils, Michel Le Tellier, âgé de quatorze ans; ministre d'Etat au mois de mars 1661, il fait entrer son fils au ministère de la guerre (24 février 1662) et l'associe à ses travaux. En 1666, il quitte officiellement son poste au ministère, mais pour y rentrer chaque fois que les circonstances l'exigent ou que son fils, le marquis de Louvois, s'éloigne, et cela de 1666 jusqu'en 1683.

Membre du conseil privé, chancelier de France par provision du 29 octobre 1677, il voit en 1681 son petit-fils obtenir la survivance de la charge de secrétaire d'Etat de la guerre et meurt le 30 octobre 1685, à l'âge de quatre-vingt-deux ans, après une des carrières les plus laborieuses et les plus remplies qu'un homme ait eue ici-bas.

Telles sont en quelques lignes les étapes qu'a parcourues ce ministre dans les différentes phases de son existence officielle.

Vingt-trois années de suite, il a occupé le poste de ministre de la guerre, travaillant sans relâche à la réforme de l'armée, à l'établissement de cette organisation militaire qui devait être le principal agent de la puissance de Louis XIV et de son système gouvernemental. Il traversa ainsi, sans faillir à son but, les derniers jours du règne de Louis XIII, le début de celui de Louis XIV, la régence d'Anne d'Autriche, les troubles de la Fronde, préparant et la grandeur future de son jeune maître et la fortune des siens, présidant de près et de loin aux entreprises de son fils, surveillant son action, l'aidant de ses conseils, puis cherchant même au delà et voulant peut-être, après avoir contribué à rendre la royauté une et forte, couronner l'édifice en assurant l'unité de la religion et même en réunissant les deux pouvoirs sur une même tête, celle du chef de l'Etat.

Dans le ressort plus simple et plus modeste de la famille, cet homme sut s'appuyer sur les plus grands noms de France et faire de la généalogie des Le Tellier celle des principales illustrations du pays. Il appela près de lui tous ceux qui lui tenaient par quelque lien. Il poussa hardiment ceux de sa famille et de ses amis qui montraient quelques capacités et les fit arriver aux plus hautes fonctions de la monarchie. Les Robert, les du Gué, les Le Camus, les Barillon, les Colbert, les Hotman, les Courtin, etc, ces travailleurs infatigables, lui sont tous parents. Ces commis du ministère, ces écrivains si corrects qui savaient si bien deviner la pensée du maître ne quittent le poste de confiance qu'ils occupent que pour devenir à leur tour commissaires des guerres ou intendants et former plus tard autour du roi et de Louvois une pléiade d'agents dévoués et intelligents.

D'un abord doux et facile, de formes polies, Le Tellier devait cacher sous cette aménité extérieure une énergie excessive, une volonté rare, si on en juge par la persévérance qu'il a montrée et le résultat qu'il a obtenu. D'une modestie incroyable, il a eu le grand et incontestable talent de savoir s'effacer, de garder partout le second rang. En résumé, ce ministre a vu d'ensemble, génie rare avec lequel seul les hommes peuvent espérer produire de grandes choses.

Administrateur habile, politique consommé, honnête dans toute l'acception du mot, ayant le génie militaire du deuxième degré, c'est-à-dire celui de la création et de l'organisation, tel est celui qui se présente devant nous. Sa vie d'ailleurs est si occupée, les événements auxquels il a pris part tellement pressés, tellement importants, qu'il faudrait une étude beaucoup plus complète que la nôtre pour faire ressortir tous les détails de cet important tableau d'histoire. En présence de ces circulaires, de ces dépêches où se traitent les grandes questions du temps, autographes où se retrouvent à chaque ligne l'esprit d'ordre, l'identité d'aperçus, la profondeur de vues qui distinguent ce ministre, on comprend qu'il y a plusieurs hommes à juger en lui, plusieurs monographies à faire. A d'autres donc plus autorisés le droit de nous le montrer sous toutes ses faces.

Notre entreprise sera plus circonscrite. Nous ne chercherons à étudier complétement que la partie militaire de son ministère et à suivre pas à pas son œuvre dans l'exécution organisatrice du mécanisme de l'armée française, nous hasardant parfois à émettre une opinion à propos des événements politiques qui s'y rattachent et que les dépêches rencontrées dans nos recherches nous auront mis à même de pouvoir élucider.

Quant aux causes qui ont ainsi laissé passer inaperçue cette phase de notre histoire, elles sont nombreuses. Nous allons essayer de les énumérer succinctement.

En dehors de son désir personnel de ne pas montrer son action directe dans les affaires de l'Etat, Le Tellier s'est trouvé effacé d'un côté par Mazarin (1644-1661), de l'autre par son fils Louvois (1667-1691). Quant au point de jonction, au trait d'union de ces individualités, il échappe à presque tous. Puis Louvois comme Colbert font partie de cette époque brillante, de cette époque de fièvre qui comprend l'âge mûr de Louis XIV. Ils gravitent dans cette sphère majestueuse qui a frappé les contemporains. Malheureusement, il en est de ce fait comme de beaucoup d'autres ici-bas, ce n'est pas toujours au point lumineux qu'il faut aller pour découvrir la cause de l'éclat qu'il répand. Trop souvent, derrière le diamant qui éblouit, on ne voit pas la main de l'orfévre patient et intelligent qui a su l'agencer si avantageusement. Du reste, qui ne serait bon orfévre quand le brillant qu'on veut faire valoir est son propre fils? Seulement où la main peut se tromper, la critique historique, elle, doit se montrer plus circonspecte.

Les études d'organisation et d'administration militaires, pour être jugées et appréciées, réclament des connaissances spéciales. Si déjà de nos jours elles se trouvent souvent mal interprétées, même inconnues pour la plupart des hommes du métier appelés à en profiter, que devait-ce être pour un temps où les mots comme les faits qu'ils désignent restaient pour tous du domaine de la nouveauté, sinon de l'utopie. L'économie politique, ainsi que l'économie militaire et gouvernementale, de faits latents qu'ils étaient vers la moitié du dix-septième siècle, entraient seulement dans la phase de la réalité. « Le point de liaison de ces principes avec ceux qui « régissent le mécanisme militaire demeure lettre morte, quoi- « que tout changement dans l'agencement des forces défen- « sives et offensives d'un pays entraîne nécessairement une « modification corollaire dans l'état social de ce même « pays. »

Avec la partie brillante du règne de Louis XIV et les débuts de Louvois à peine âgé de vingt-deux ans (1664), débuts qui correspondent aux campagnes de Hongrie, d'Erfurth, de Djigelli, des Flandres, etc., on est de suite en présence de tout un système nouveau d'armée, système complet, compacte, qui doit rester le même jusqu'à la Révolution. On accepte le résultat sans chercher à le comprendre, et on en laisse endosser la gloire facile au jeune homme qui se trouve avoir seulement le droit de signer les dépêches du ministère, jusqu'au jour où son père le croit assez au courant des affaires pour le livrer à ses propres forces (1666). Il y a donc là tout un travail, toute une lacune dont la non-explication aurait dû frapper ceux qui se sont occupés de cette partie de notre histoire. « La victoire peut s'improviser, l'adminis- « tration jamais. »

Les écrivains militaires du dix-septième et du dix-huitième siècle, comme nous le verrons plus loin, n'existent que peu ou prou. Quant aux historiens ordinaires (exceptons pourtant Sismondi, qui a pressenti la vérité), c'est à peine s'ils ont prononcé le nom de Le Tellier.

Qu'étaient ces réformes patientes des bureaux de Le Tellier, de cet homme peu communicatif, auprès des événements si curieux, si rapides de la Fronde, auprès des combats, des traités, des intrigues de la cour, des querelles religieuses, de la littérature nouvelle qui surgissait? Les panégyristes, les prêtres, les écrivains, les auteurs de mémoires pullulent, mais, comme l'a dit M. Chéruel dans sa préface de *Fouquet* (1) : « Ces mémoires ne sont souvent qu'une conti-

(1) *Fouquet* (Préface, p. 5).

nuation des mazarinades, une suite spirituelle et fréquente « des pamphlets destinés à verser l'odieux et le ridicule sur « le cardinal, sur la reine Anne d'Autriche et sur leurs fi- « dèles. » Puis les succès militaires du temps se marient si bien avec tout cet assemblage curieux de choses et de faits, qu'il paraît tout simple de les croire arrivés par la grâce de ceux qui se trouvent au sommet de l'échelle.

Le Tellier a vécu trop longtemps pour avoir des juges. Il survit à tous et personne ne survit à lui. Il eût pu laisser des mémoires et personne ne peut en laisser de complets sur lui. Il n'y eût eu que lui de capable de nous donner la clef de bien des événements de l'époque. Il n'a pu ou n'a point voulu le faire.

Beaucoup n'ont connu que la figure grimaçante du vieux chancelier, d'un homme qui depuis quarante ans fréquentait journellement une cour où s'étaient résolues les plus graves questions de l'histoire moderne. Ils peuvent avoir eu une opinion intéressée sur ce qu'ils voyaient, mais non sur ce qui s'était passé auparavant et en dehors d'eux. Les actes de guerre de l'époque ne mettent en relief que les chefs qui commandent, les résultats qu'ils amènent. On a pris l'effet pour la cause. Cette erreur est de tous les temps ; et si elle existe du nôtre, à plus forte raison est-elle plus excusable à un moment où la centralisation du service des armées prenait une réelle consistance. Il faut être quelque peu habitué au mécanisme des forces militaires pour apercevoir, derrière l'action brillante du commandant d'armée, l'action tout aussi décisive du chef d'état-major.

Cette erreur s'est trouvée complétée par les oraisons funèbres de Bossuet et de Fléchier. Que sont pour ces grands orateurs de la chaire, pour ces admirateurs des travaux de jurisprudence, des projets religieux du ministre, les détails de casernement, de solde, d'uniforme?... Ils ne voient pas que cette organisation de l'armée a préparé celle de la France. Ils ont été frappés des faits présents et non de ceux qui sont déjà si loin pour tous. Tout en rendant hommage aux hautes vertus civiques du secrétaire d'Etat, ils passent sous silence des détails dont ils ne comprennent pas et n'ont pu comprendre la portée.

Examinons maintenant quelles sont les sources où nous aurions pu puiser pour retrouver complets les éléments capables de reconstruire cette époque du secrétariat de la guerre.

Pour les histoires de France, nous avons vu, avec M. Augustin Thierry, l'impossibilité où se sont trouvés leurs auteurs pour faire quelque chose de suffisamment authentique. Au point de vue historique, les écrivains qui les ont entreprises n'ont été que de « grands recommenceurs », si l'on peut leur appliquer ce mot d'une lettre de Bussy-Rabutin à Mme de Sévigné. Pour le dix-septième siècle, ils ont tous adopté une méthode de classification qui empêche de voir le trait d'union entre Richelieu et Louis XIV. Ils divisent cette époque en deux parties bien distinctes, Richelieu et Louis XIV. Ils rattachent à Louis XIV de 1670 tout ce qui s'est fait de 1640 à 1665, en fait de sciences, d'arts, d'organisation, d'idées, sans réfléchir que c'est justement de cette période de transition que date la phase brillante de ce règne.

Les ministères de Mazarin et de Le Tellier ont formé le

nœud de tout ce système monarchique qui doit aboutir à la Révolution. Richelieu a préparé; Mazarin et Le Tellier ont exécuté la soudure; Louis XIV, Colbert et Louvois ont appliqué le système qui n'a fait que décroître depuis lors. Le même phénomène se produit plus frappant encore au commencement du dix-neuvième siècle, avec la période de transition de Louis XVI à la Restauration.

Quant à l'armée, elle a été pour Louis XIV ce qu'elle fut pour le premier et le second empire, ce qu'elle est pour la Prusse, pour la Russie, pour l'Autriche : la base du mouvement et de l'organisme de ces pays. C'est à ce point de vue-là surtout que cette époque est curieuse à étudier. Examinons maintenant les écrivains spéciaux. Les militaires du temps écrivent peu : d'abord les officiers ne savent le plus souvent que signer leurs noms. Nous en avons la preuve dans toutes les correspondances qui existent aux archives du ministère de la guerre. Il y a des exceptions, mais elles sont rares. Si les officiers prennent la plume, ce n'est que pour des réclamations ou des sollicitations adressées au ministre. Pour trouver des rédacteurs convenables, il faut les chercher parmi les intendants, les ingénieurs, quelques officiers subalternes et des chefs exceptionnels comme Turenne, Fabert, d'Harcourt, etc. Toutefois ils n'ont rien laissé de spécial sur l'époque et sur l'ensemble du service militaire.

Dans le *Mémorial du dépôt de la guerre* on exprime la même idée : « L'art d'écrire l'histoire fit des progrès sous « Louis XIV, et néanmoins c'est la partie faible de ce siècle « si étonnant en toutes choses. Les historiens de ce temps, « punis ou récompensés, n'ont laissé que des satires amères

« ou des éloges outrés. Presque tous étaient étrangers à la « profession militaire, ou même faisaient partie d'une classe « dont les préjugés particuliers, les convenances d'état, les « prétentions individuelles formaient un obstacle à la per- « fection du genre historique ; les recherches d'érudition « étaient plus conformes à la vie tranquille, régulière et peu « distraite qu'ils menaient.

« L'usage d'avoir des historiographes salariés contribua « beaucoup à gâter la composition de l'histoire. Gênés par « la crainte de perdre leurs pensions, ils écrivaient en ga- « zetiers (1). »

En 1761, M. Pinard, commis au bureau de la guerre, fit paraître huit volumes in-4°, intitulés : *Chronologie historique et militaire*. Cet ouvrage devait comprendre « l'histoire de la « création de toutes les charges, dignités et grades militaires « supérieurs ; de toutes les personnes qui les ont possédés « ou qui y sont parvenus depuis leur création jusqu'à pré- « sent ; des troupes de la maison du roi et des officiers su- « périeurs qui y ont servi ; de tous les régiments et autres « troupes et des colonels qui les ont commandés ;

« Les états d'armées par chaque année ; les officiers gé- « néraux qui y ont été employés depuis la première création « des régiments, et les opérations réelles de chaque armée « avec la véritable époque ; enfin une table raisonnée des « ordonnances militaires tant imprimées que manuscrites « rendues depuis le règne de Louis XIV jusqu'à présent. »

Voici le jugement que M. Pinard, dans sa préface, donne des ouvrages qui existent avant lui :

(1) *Mémorial du dépôt de la guerre*, t. I, p. 155.

« Les manuscrits de Dupuy, de Brienne, de Séguier, de « Gaignères, de Colbert, dit-il, offrent ou une simple liste « des connétables et des maréchaux de France, ou quelques-« unes de leurs provisions ou quittances, faible lueur qui ne « dissipe point l'obscurité et l'incertitude de la succession « des officiers.

« Le catalogue de MM. de Saint-Marthe n'est pas d'une « plus grande ressource.

« Jean le Féron, revu et continué par Collier, augmenté « par Godefroy, confond et place à son gré les faits et les « promotions; d'un seul homme, il a l'heureux talent d'en « faire trois.

« Guillaume Marcel (1) indique seulement à chaque règne « la mort des connétables et des maréchaux de France.

« L'abbé Legendre (2) se méprend sur les dates.

« Le père Daniel (3) se forge des fantômes et adopte des « chimères. Il veut presque toujours juger l'ancien temps « par le nôtre, dit-on dans le *Mémorial du dépôt de la « guerre* (4).

« Le père Anselme (5) et ses continuateurs se perdent de

(1) Guillaume Marcel, chronologiste, Toulouse (1647-1708). *Tablettes chronologiques pour l'histoire de l'Eglise*, *Tablettes pour l'histoire de France*, *Histoire de l'origine et des progrès de la monarchie française.*

(2) L'abbé L. Legendre, Rouen (1655-1733). *Nouvelle Histoire de France*, 2 vol. in-f°.

(3) *Histoire de la milice française*, par le révérend père G. Daniel, de la compagnie de Jésus, auteur de l'*Histoire de France*, chez Coignard, à Paris, 1721.

(4) *Mémorial*, t. I, p. 155.

(5) Le père Anselme (Paul de Guibours), augustin déchaussé, Paris (1625-1694). *Histoire généalogique et chronologique de la maison de France* (1674), 2 vol. in-4°). *Science héraldique, le Palais de l'honneur, le Palais de la gloire* (1664), in-4°.

« temps en temps dans l'immensité de leurs volumes. Peu « d'accord avec eux-mêmes, ils oublient qu'ils ont promis « une histoire chronologique.

« Bauclas dévore, entasse en homme laborieux tout ce « qui a été écrit avant lui ; le vrai, le faux, le certain, l'équi- « voque, tout lui est bon.

« L'abbé de Neufville (1) a puisé dans une source qu'il ne « connaissait pas et qu'il ne devait pas connaître.

« Le Man de la Faisse, les almanachs militaires, les autres « ouvrages de cette nature se réfutent d'eux-mêmes. »

M. Pinard se montre sévère pour ses prédécesseurs. Est-ce à dire qu'il soit plus exact? Non. Evidemment il a exécuté là un grand travail, mais trop considérable, impossible même à cause du non-dépouillement des manuscrits. Il indique souvent la source en général, mais non la pièce originelle, et en cela il empêche qu'on puisse la vérifier et la compléter. Quelque imparfait, quelque douteux qu'il soit, l'ouvrage de M. Pinard est encore le seul où l'on puisse aller chercher des renseignements utiles pour cette époque. A ce titre, il présente un réel intérêt. Malheureusement, entre cette chronologie et celle des *Fastes de la Légion d'honneur*, il existe une lacune déplorable qui n'a pas encore été comblée.

Dans la nomenclature des travaux qui ont précédé le sien, M. Pinard oublie les recueils dans lesquels il a pris et copié presque textuellement beaucoup de passages et beaucoup

(1) *Abrégé chronologique et historique de l'origine, des progrès et de l'état actuel de la maison du roi et de toutes les troupes*, par M. Simon Lamorel Le Pippre de Neufville, chanoine de la collégiale de Notre-Dame. (Liége, Everard Kint, 1734-1735, 3 vol.)

d'origines : ce sont *l'Ecole de Mars* et la *Vie des hommes illustres de France.*

L'Ecole de Mars, ou Mémoire instructif sur toutes les parties qui composent le corps militaire en France, avec leur origine et les différentes manœuvres auxquelles elles sont employées, fut exécuté par M. de Guignard, lieutenant-colonel du régiment d'infanterie du Thil. (Paris, Simart, 1725, 2 vol. in-4°.)

La *Vie des hommes illustres de la France* (10 vol.), par d'Auvigny (J. du Castre), 1712-1743, est une dangereuse compilation.

L'*Encyclopédie* de Diderot et de d'Alembert ne fit plus tard qu'accepter les travaux faits par les précédents.

Le *Dictionnaire des sciences militaires* de Bardin (1) n'est également qu'une annotation et augmentation des documents que nous venons de citer.

L'*Histoire de l'administration de la guerre*, par X. Audoin (Paris, 1811, 4 vol. in-8°), est faite avec une grande légèreté pour cette partie du règne de Louis XIV. A peine consacre-t-il quelques pages à l'époque de transition dont nous parlons. Il ne se doute pas du ministère de Le Tellier. Il fait Le Tellier chancelier en 1666, au lieu de 1677. Il ajoute que Le Tellier, le 14 décembre 1655, appela dans les bureaux son fils Louvois, conseiller à Metz. Or Louvois n'a que quatorze ans (p. 192, t. I). Cet exemple suffit pour faire juger le reste.

« Quincy, dit-on dans le *Mémorial du dépôt de la guerre*,
« a fait une histoire de Louis XIV très-volumineuse, mais il
« n'a pas réussi à se donner le caractère de l'exactitude.

(1) Etienne Alexandre Bardin, colonel des pupilles de la garde (1774-1840). *Manuel d'infanterie, Dictionnaire des sciences militaires.*

« Son but a été de montrer, dans leur généralité, toutes les « grandes opérations de la guerre de siége et de campagne, « à cette époque où de si grands généraux ont illustré nos « armes. Il termine son ouvrage par des réflexions et des « maximes sur l'art militaire qui n'ont pu ajouter un grand « poids à son travail (1). »

Terminons cette nomenclature par les *Recherches sur l'origine de l'armée française* (1806), par le général Grimoard (2), le seul qui, avec Sismondi, ait entrevu le rôle réel de Le Tellier dans cette phase de notre histoire.

Voilà pour les travaux d'ensemble.

Prenons maintenant les travaux d'armes :

En 1765 paraît un *Essai historique sur les régiments d'infanterie, cavalerie et dragons*, par M. de Roussel (Paris, 7 vol. in-12).

Cet ouvrage est aussi incomplet, aussi inexact que Pinard. Personnellement nous n'en devons pas moins un remercîment à M. de Roussel, commis de la guerre, puisque c'est à lui que nous devons l'idée de notre travail. C'est en voulant comparer avec son ouvrage des pièces authentiques donnant les noms de tous les régiments de France en 1658, à la réforme de l'armée (v. 154, dép. g.), que nous avons été étonné de voir la quantité et la gravité des erreurs et amené à vouloir les rectifier.

L'*Histoire de l'armée et de tous les régiments*, par M. Bra-

(1) *Mémorial du dépôt de la guerre*, t. I, p. 153.

(2) Comte de Grimoard, général, mort en 1815. *Essai théorique et pratique sur les batailles* (1775). *Conquête de Gustave-Adolphe en Allemagne* (1782). *Tableau historique des guerres de la Révolution* (1808).

haut (1847-1855, 7 vol. in-8°), l'*Histoire de l'infanterie française*, par Suzanne (1849, 8 vol.), ne sont que la continuation et la perpétuation des erreurs de Roussel. Les dictionnaires et les encyclopédies modernes offrent sur ces spécialités les mêmes causes de défectuosités.

Pour l'artillerie, nous avons deux travaux récents sur l'histoire de l'arme. Le premier, celui du capitaine Brunet, long, consciencieux, mais sans preuves aucunes, est silencieux sur cette période de transition de notre histoire militaire.

Le second est l'ouvrage sur l'artillerie en quatre volumes, commencé par le prince Louis-Napoléon, continué par M. le général Favé. Il est curieux et remarquable comme réunion des modèles. Le général puise évidemment aux sources, mais il tient plus à la partie brillante qu'à la question originaire. Cette division en périodes de cinquante années pour le dix-septième siècle l'amène à s'induire en erreur. Une fin de volume (le troisième) est relative au laps de temps compris de 1600 à 1650. Le premier chapitre du quatrième volume aborde la période de 1650 à 1700. Quant à la transition, elle ne se trouve nulle part. De la création des fonderies, des arsenaux, des attributions d'un chacun, du mécanisme de l'armée en paix et en guerre, etc., l'auteur ne dit mot.

Pour les travaux qui incombent au génie militaire, un seul ouvrage est à citer, parce qu'il les résume tous, parce que, avec celui de M. Camille Rousset, il peut servir de modèle à suivre dans ce genre d'études : c'est l'*Histoire des ingénieurs*, par le colonel du génie Augoyat.

Est-ce à dire que les documents nécessaires pour exécuter cette histoire n'existent pas? Au contraire, ils sont là à la portée de tous.

Avant tout, le mérite de Le Tellier, c'est l'ordre. Du jour de son arrivée à l'intendance de l'armée d'Italie, il conserve les dépêches de la cour et les réponses qu'il envoie. Cette méthode, il la continue tout le temps qu'il reste au secrétariat de la guerre. Il fait faire des extraits des principales dépêches. Ces extraits doivent servir de modèle pour toute la fin du dix-septième siècle. Les dépêches principales sont également copiées, classées par année et reliées aux armes de la famille. Ces in-4° portent tous à la première page l'annotation suivante faite à la main : *Le Tellier-Louvois*, 6 *reg.*, 9350.

« M. Le Tellier, dit M. de La Faye, indépendamment de « l'attention qu'il avait de la conservation des papiers de « son ministère, faisait transcrire pour son cabinet dans « des volumes particuliers ses dépêches les plus impor- « tantes et ses principales expéditions pour former en quel- « que façon des annales de son ministère, et peut-être « suivait-il en cela l'usage de ses prédécesseurs. Tels sont « les registres qui sont restés en la possession de l'abbé de « Louvois. »

Le *peut-être* précédent est exact, comme nous le verrons plus tard; quant aux transcrits, ils passèrent effectivement avec le reste de la bibliothèque au second fils du chancelier, l'archevêque de Reims, et de celui-ci par héritage à Camille Le Tellier, abbé de Bourgueil et de Vauxluisant, bibliothécaire du roi (troisième fils de Louvois). Ils furent légués par ce dernier à la bibliothèque du roi à Versailles et groupés sous le titre générique de *fonds Le Tellier*.

De Versailles, ils sont arrivés à la bibliothèque de la rue Richelieu, où ils furent gardés d'abord sous leur nom de *fonds Le Tellier*, puis fondus récemment dans ce qu'on appelle le *fonds français* (département des manuscrits). Ils forment un total d'environ trois cents volumes, qui ont trait aux questions les plus diverses et principalement aux affaires du secrétariat de la guerre de 1640 à 1660. Ces documents, qui concernent directement le secrétaire d'Etat, ont été complétés par des lettres manuscrites achetées il y a quelques années seulement et connues sous le nom de *papiers d'Etat*. Ces dernières présentent un ensemble de vingt-huit volumes in-folio.

Ces richesses sont tout à fait en dehors de celles qui existent au dépôt de la guerre, dont la création, par parenthèse, n'est pas du fait de M. de Louvois, comme on le répète dans toutes les histoires. En voici la preuve :

« La méthode de transcrire les principales expéditions, dit « M. de La Faye (1) dans son mémoire sur l'enregistrement « des dépêches, qui se fait au dépôt de la guerre, est une « suite d'un ancien usage. Si M. de Louvois fit faire des re- « gistres de cette espèce, peut-être n'eut-il en cela d'autre « dessein que celui de son père, ne voulant pas que ces re- « gistres servissent de minutes, puisqu'il faisait conserver ses « minutes indépendamment de ces registres. »

Cet ancien usage existait en effet. Ainsi, dans le règle-

(1) Dép. g., mss., v. 1188, p. 53.

ment sur les fonctions du secrétaire d'Etat laissé à Le Tellier à son entrée au secrétariat, il est dit (1) :

« Le secrétaire d'Etat doit lui-même lire ou se faire lire « toutes les dépêches, faire faire des extraits de toutes celles « d'importance (deux extraits).

« Les extraits doivent être soigneusement gardés, ainsi « que toutes les lettres et dépêches, pour peu qu'elles soient « de conséquence, par liasses de mois en mois.

« Il est à propos de faire des extraits des mémoires qui « sont donnés pour les affaires du roi ou pour les autres, et « retenir mémoire et minute de tout ce qui s'expédie, arri- « vant souvent que l'on a besoin longtemps après l'expédi- « tion d'un papier qui a été jugé alors inutile...

« Celui qui garde les papiers doit les mettre chacun avec « ceux de même nature, et en si bon ordre qu'il en puisse « répondre. . . . .

. . . .

« Il est bon de tenir registre des lettres et expéditions de « plus grande conséquence, pour y avoir recours.

« Il est bon de faire exactement enregistrer toutes les or- « donnances de fond et tenir des liasses des états et des « ordonnances, des décharges, qui doivent être réunis de « mois en mois en la garde de celui qui est responsable des « papiers ;

« Et même de marquer sur un registre séparé, comme il « s'est pratiqué ailleurs, tous les noms de ceux à qui l'on a « donné des ordonnances de voyage et des paquets de con-

(1) Mémoire donné à Le Tellier ; règlement de 1617 et 1619. (Dép. g., mss ; Bibl. imp., mss.)

« séquence pour trouver à point nommé le temps de leur « départ, et même y coucher ceux qui sont donnés à la « poste et aux courriers ordinaires :

« Continuer les registres de toutes les autres pièces...

« Garder par mois les liasses des routes et assemblées...

« Faire de même pour le rôle des placets et consulter le « règlement de 1617, etc. »

Le Tellier ne fit donc qu'appliquer ce qui était déjà admis comme principe. Il a toutefois le mérite d'avoir mis ce programme à exécution, en faisant commencer les premiers transcrits et cataloguer les différents modèles des dépêches par nature de services. Louvois continua seulement les errements de son père, mais d'une façon bien moins complète, et cela à la fin de son ministère, en 1688. Mais, pour comprendre la mise en pratique de ce travail qui ne fut que la répétition de celui de Le Tellier, il est bon de donner le détail de la répartition des services dans le secrétariat de la guerre de l'époque. Les bureaux étaient organisés de la façon suivante (1) :

M. de Saint-Pouenges (2) avec MM. Alexandre père et fils : commissions des officiers des troupes, extraits des revues, des hôpitaux, tentes, sacs ;

M. de Bellou (3) avec MM. l'abbé Darbon (son frère), Pinsonneau et de Briquet : bureau de la secrétairerie, lettres et instructions secrètes concernant les armées, les fortifications et les rôles du mois ;

(1) Dép. g., mss., v. 1181.

(2) Il était neveu de M. Le Tellier.

(3) M. Darbon, s[r] de Bellou était un des plus anciens et fidèles agents de Le Tellier.

M. du Fresnoy (1) avec M. Gardien (son neveu) : expédition des patentes, pouvoirs, règlements, commissions, etc.;

M. Charpentier (2) avec MM. de Jossigny (son neveu) et d'Eu : routes, règlements sur la marche des troupes;

M. de Tourmont (3) avec MM. de Foix, Laurent et Levasseur (adjoint) : états des fonds, des vivres et des pensions, etc.;

M. Bourdon avec MM. Fontaine, Chavigné et de Saint-Jacques : rôle des placets, informations sur les différends des troupes, c'est-à-dire extraits et lettres en conséquence;

M. de la Renaudière (4) : rôles des bénéfices, des mois de Mgr le secrétaire d'Etat de la guerre.

En 1688, donc, M. de Bellou (5) fut chargé par Louvois de la garde des papiers du ministère de la guerre, et, en cette qualité, de reprendre le classement de Le Tellier, conformément au règlement de 1626 et de 1643.

« M. de Bellou se mit en possession de tous les papiers des « bureaux de la secrétairerie, dont une partie était à Ver- « sailles, l'autre à l'hôtel Louvois (de 1659 à 1684).

« Il fit rassembler le tout audit hôtel, en y joignant les dé- « pêches provenant des bureaux de M. Bourdon, auquel ve- « nait de succéder son premier adjoint, M. Fontaine.

« En 1689, un M. de Préfontaine, parent de M. Le Roy, qui « avait été premier commis de Le Tellier et également son

(1) M. du Fresnoy était le plus ancien des chefs de bureau.

(2) M. Charpentier était un fort ancien employé (1645 ou 1646.)

(3) M. de Tourmont avait succédé en 1679 à M. de Boistel (parent de Le Tellier et de l'intendant.)

(4) Le bureau de M. de la Renaudière en 1679 avait été tiré de celui de M. de Bellou.

(5) Dép. g., mss., v. 1181, p. 55

« parent, donna avis qu'il avait dix-huit grands sacs conte-« nant des documents relatifs aux événements militaires de « 1620 à 1659. M. de Bellou fit retirer ces sacs et les fit por-« ter à l'hôtel de Louvois à Paris, où l'on mit dix ans à les « mettre en liasses. » Ce sont ces liasses qui ont servi à former les volumes minutes qui existent aujourd'hui.

« De son côté, M. du Fresnoy, depuis 1659, avait conservé « dans son bureau la suite des minutes des expéditions ci-« dessus. Il les passa à M. de Bellou et donna des années en-« tières, entre autres les liasses des minutes des dépêches « de 1668, 1669, 1675.

« M. de la Renaudière fournit de son côté les liasses de ses « bureaux (rôles des bénéfices) depuis l'année 1640.

« Enfin, l'année suivante (1690), M. Davaux, procureur gé-« néral de la Chambre royale de Metz, dite *des réunions*, étant « mort, M. de Louvois écrivit à Charuel de retirer des héri-« tiers tous les papiers originaux de Louvois relatifs auxdites « réunions.

« Plus tard, en 1712 ou 1713, M. de Lagrange, intendant « d'Alsace, étant mort, son fils vendit ses papiers aux épi-« ciers de Paris. M. d'Argenson en donna avis à M. Voysin, « qui les fit racheter et remettre à M. de Bellou.

« En 1729, M. de Saint-Jacques fit également donation au « dépôt de la guerre des papiers de feu M. de Chamlay. »

Telle fut l'origine des documents qui devaient former le fond de ce qu'on allait appeler *le dépôt de la guerre*.

Louvois mort, les archives de l'hôtel de Louvois restèrent dans le même état tout le temps de la direction de Barbezieux. C'était son successeur Chamillart qui, le premier, allait donner un centre à ces documents épars, mais un centre indépendant.

Voici la dépêche qui en fait foi. Le 27 janvier 1701, M. Dubois écrivait à Chamillart (1) :

« Monseigneur, vendredi dernier, le sieur de Bonne vint « ici de votre part demander un lieu pour serrer les papiers « qui sont à l'hôtel Louvois. J'ai choisi quatre cham- « bres, etc. »

Les lettres qui suivent montrent que le transbordement des manuscrits ne fut complet qu'en 1702. Le dépôt de la guerre était créé. Tel fut le point de départ de ce centre de renseignements militaires qui devait subir bien des transformations, pérégrinations, avant de devenir le dépôt que nous connaissons.

Quant au premier classement, au premier grand travail de coordination des documents, il ne se se fit que sous le ministère de M. d'Angervillers. C'est lui qui fit exécuter les magnifiques transcrits qui existent encore au dépôt et portent ses armes. Les liasses ne furent réunies en volumes que sous la Révolution, par les soins de l'abbé Massieu.

Cela forme l'ensemble de pièces à consulter pour l'époque de Le Tellier et comprend un total d'environ sept cents volumes. Chacun de ces volumes contient une moyenne d'un millier de lettres (2).

Nous allons donner ici par bibliothèque la liste des princi-

(1) Dép. g., mss , v. 1181, p. 60.

(2) Il est à désirer que M. Huguenin, l'intelligent archiviste du dépôt de la guerre, nous donne un résumé du travail si complet qu'il possède sur le classement et le travail exécutés depuis cent cinquante ans dans cette riche collection par nos différents ministres et nos bibliothécaires successifs.

paux manuscrits nécessaires à compulser pour être à même d'étudier cette période de notre histoire militaire.

DÉPÔT DE LA GUERRE.

Archives anciennes de la guerre (du numéro 40 au numéro 700).

Ordonnances militaires (71 volumes). Collection du marquis de Sanjon. Elle est incomplète.

Histoire de la guerre de Trente Ans, par M. de La Rozière. (Cette histoire s'arrête malheureusement à la fin de l'année 1648). Elle est bien supérieure à celle du marquis de Quincy, si peu sérieuse pour ce qui concerne les premières années de Louis XIV.

Tiroirs de Louis XIV. Titre présomptueux donné à un recueil imparfait de M. de Monteil.

BIBLIOTHÈQUE IMPÉRIALE (département des manuscrits.)

Fonds Le Tellier (concernant spécialement Le Tellier).

Dépêches du secrétariat de la guerre de 1643 à 1660. (4168 à 4195). (Double de celui du dépôt de la guerre). 28 vol.

Dépêches écrites en Italie (1640 à 1641), n° 4196. 1 vol.

Dépêches du secrétariat de la guerre de 1644 à 1659. 17 vol.

Dépêches de M. de Marca à Le Tellier de 1644 à 1651. 4 vol.

Lettres de Servien à Le Tellier (4220). 1 vol.

Deux gros portefeuilles concernant les affaires du royaume. Dépêches destinées à servir de modèles (4221-4222). 2 vol.

Deux portefeuilles intitulés : *Armée*. (Dépêches destinées à servir de modèles (4223-4224). 2 vol.

Lettres de Vendôme à Le Tellier, d'Allemagne, de 1640 à 1650. 5 vol.

Lettres de Villaret à Le Tellier, 1651. 1 vol.

Lettres et mémoires à Le Tellier de 1647 à 1654. 2 vol.

Dépêches de Le Tellier avec le clergé de 1655 à 1656. 1 vol.

Siége de Barcelone, 1651-1652. 1 vol.

Lettres à Le Tellier, 1649, 1650, 1651, 1 vol.

Dépêches de Le Tellier aux généraux pendant le siége d'Arras, en 1654. 1 vol.

Quartier d'hiver des troupes en 1658. 1 vol.

Paix des Pyrénées. Lettres de Le Tellier. 1 vol.

Règlement des limites. 3 vol.

Traité avec le duc de Lorraine. 4 vol.

Préséance de l'ambassadeur français à Londres. Dépêches de Le Tellier à ce sujet. 1 vol.

Dépêches pour Fouquet. 1 vol.

Affaire de Rome en 1662. 1 vol.

Traité succinct des maximes des princes. 1 vol.

Instruction de Le Tellier aux ambassadeurs. 1 vol.

Etat et contrôle des troupes en 1665. 1 vol.

Règlements et ordonnances pour la discipline des troupes. 1 vol.

Réglementation pour l'ordre du Saint-Esprit. (4257). 1 vol.

Réglementation pour la maison du roi. (4258). 1 vol.

Registre de lettres espagnoles sur la Catalogne. (3130). 1 vol.

Cadastre du Languedoc. (4263). 1 vol.

Etat des recettes et dépenses pour l'armée de Catalogne en 1648. 2 vol.

La politique des conquérants. 1 vol.

Formules des lettres du sceau et inscriptions du roi. 1 vol.

Projets de police pour le règlement des métaux. 1 vol.

Comté d'Artois. 1 vol.

Livre de guerre concernant les cinq principales actions militaires avec 60 planches. (Cadeau fait à Le Tellier.) 1 vol.

Discours militaire sur l'attaque et la défense des places. (Id.). 1 vol.

Livre sur la voirie de Paris commençant en 1425. 1 vol.

Livre appelé *le Doux Sire* concernant le Châtelet de Paris. 1 vol.

Registre du Châtelet de Paris de 1606 à (indéchiffrable). 2 vol.

Villes de France cédées par le traité des Pyrénées. 1 vol.

Droits du chancelier. 1 vol.

Papiers d'Etat de Le Tellier de 1640 à 1678. 21 vol.

Lettres et mémoires de Charles Le Tellier de 1676 à 1703. (20711). 1 vol.

Mélanges historiques. Cahiers autographes. (20724). 1 vol.

Assemblée du clergé de 1681. (20733). 1 vol.

Mélanges historiques de Le Tellier (le fils). (20761-20770). 9 vol.

Vie de Michel Le Tellier, par Claude Le Pelletier. (2431). 1 vol.

Instructions, pouvoirs et lettres patentes pour l'année 1646 dans le département de Le Tellier. (500 de Colbert). (105). 1 vol.

Instructions et dépêches du départ de Le Tellier. (1645). (Id.). 1 vol.

Lettre de Le Tellier à Séguier (de la Fère), 13 octobre 1654. (Id.). (155). 1 vol.

Quartiers et garnisons de 1644. (§ 823). 1 vol. Ce volume a disparu de la Bibliothèque impériale.

Quartiers et garnisons de 1645. (5824). 1 vol.

Projet du payement des troupes pendant le quartier d'hiver de 1653. (Le Tellier). (4571). 1 vol.

Dépêches de Le Tellier à Mazarin en 1659. (4215). 1 vol.

Dépêches de la cour à Le Tellier, intendant de 1641 à 1643. (5158). 1 vol.

Recueil de lettres écrites depuis le 1er janvier 1678 concernant la justice, par M. le chancelier Le Tellier. (21118). 1 vol.

Instructions données aux généraux d'armée et autres par Le Tellier en 1654. (500 de Colbert, n° 103). 1 vol.

Lettres de Mazarin à Le Tellier, depuis le 4 juin jusqu'au 30 décembre 1650. (500 de Colbert, n° 48). 1 vol.

Compte de la succession Le Tellier. In-fol. (11448). 1 vol.

Revenus de l'abbé Le Tellier. (9608). 1 vol.

Lettre de Marca à Le Tellier (16 août 1658). Fol. 337, v. 477.

Etat des pièces de l'artillerie dans le royaume. (9468). 1 vol.

Etat des entrées de munitions dans l'arsenal de Paris en 1668. (Id.). 1 vol.

Mémoire sur le Canada, par M. de Salières. (Id. 1 vol.).

Recettes et dépenses de Leclerc, trésorier général des guerres, depuis le 1er décembre jusqu'au 13 février 1659-1660. (Id.). 1 vol.

Inventaire des pièces d'artillerie trouvées dans Sedan en 1642. (9888). 1 vol.

Dépêches du cardinal à Le Tellier. (1258), 1 vol.

Documents manuscrits divers pouvant servir à l'époque de Le Tellier et existant à la Bibliothèque impériale (manuscrits.)

Sédition de Normandie de 1639. (1055). (F. Saint-Germain.)

Registre contenant la notice des lettres et ordres expédiés dans les deux premières années de la minorité de Louis XIV, du 18 juin 1643 à mars 1644. (33318). In-f°.

Gazette des cours étrangères du 22 juin au 28 décembre 1668 (de Londres). (2339.)

Compte des dépenses de la maison de la reine Anne d'Autriche pour l'année 1642. (10412). In-f°.

Lettres de Louis XIV au sujet de l'affaire de Créquy, à Rome. (1114).
Lettres originales de la reine Anne d'Autriche et de Gaston pour la mise en liberté des princes (6563.)
Journal des bienfaits du roi.
Dossier de la famille Le Tellier. (Cabinet des titres.)

BIBLIOTHÈQUE DE L'ARSENAL (manuscrits.)

Lettres de Louis XIV (1661-1662).
Petits carnets, dits *Carnets de Louis XIV*, sur les finances, la composition des armées et le matériel des places de guerre (1661 à 1665.)
Mémoire de tous les héritages pour la propriété de M. Le Tellier à Chaville.
Etc., etc., pour les autres bibliothèques.

Nous devons également citer comme ouvrages imprimés offrant toutes les garanties d'authenticité.

La *Correspondanoe de Colbert*, par P. Clément.
L'*Histoire de la Bastille*, par Ravaisson.
Le *Dictionnaire historique* de Jal.
Les *Lettres du cardinal Mazarin* publiées par M. Ravenel.
Histoire du parlement de Normandie, par Floquet.
Merci und Seine Zeit, von Heilmann (à Munich.)
L'*Histoire des ingénieurs*, par Augoyat.
L'*Histoire de Louvois*, par Camille Rousset.
Les *Lettres de Mme de Sévigné*. (Nouvelle édition.)

Citons pour mémoire les manuscrits si importants du ministère des affaires étragères, manuscrits qu'il n'est malheureusement pas loisible de consulter.

Il est juste de nommer également, parmi les documents qui concernent cette époque du dix-septième siècle, ceux qui existent à l'étranger au British Museum, à Saint-Pétersbourg, à Berlin, Schirstein, La Haye, Vienne et Turin.

Les documents sérieux ne manquent donc point. Le tout consiste à analyser les renseignements qui s'y trouvent épars. C'est ce que nous avons essayé de faire dans les différentes études que nous avons entreprises, et dans chacune nous nous sommes toujours effacé, pour le récit, derrière le texte même de la pièce originale.

L'ensemble de ces travaux doit former un ouvrage complet ayant pour titre *le Secrétariat de la guerre sous Michel Le Tellier*.

Pour exécuter ce travail, deux méthodes se présentaient. La première, brillante, attrayante même, pour l'écrivain comme pour le lecteur, consistait, l'opinion une fois formée, à la présenter d'une façon générale, en groupant autour d'elle les principales preuves que nous avions pu rencontrer. La seconde, monotone, fastidieuse peut-être, se bornait à suivre pas à pas le ministre dans l'accomplissement de sa tâche, de manière à ne laisser dans l'esprit aucun doute, à permettre à chacun de se former une idée personnelle aussi parfaite que possible. C'est cette seconde manière que nous avons adoptée. Dans cette étude, nous avons donc suivi année par année la marche des travaux au secrétariat de la guerre, donnant d'abord l'état de la France et de l'armée au moment de l'arrivée de Le Tellier à la direction des affaires militaires, terminant par un autre état comparatif de cette même armée à la sortie du ministère, présentant un résumé des réformes faites, ainsi qu'un parallèle entre Le Tellier et Louvois, complétant enfin cette étude par l'énumération des opinions émises sur ces deux hommes, et cela par ordre chronologique, de manière à prouver d'une façon flagrante l'enchaînement fatal des jugements et leur acceptation pour ainsi dire servile.

Quant aux affaires extérieures, c'est-à-dire à celles qui concernent directement la diplomatie, nous avions eu primitivement l'intention de les fondre dans ce travail. Nous y avons renoncé en premier lieu par la crainte d'être trop long ; en second lieu, par suite de l'intérêt même tout particulier qui s'y rattache.

Ces documents diplomatiques, que nous devons à nos recherches personnelles et nullement à la bienveillance d'un fonctionnaire quelconque du ministère des affaires étrangères, sont si intéressants, forment un tout si complet que nous préférons en faire une étude séparée qui suivra celle-ci et lui formera un pendant obligé.

Il ne faut pas croire pourtant que ce soit là une œuvre définitive. Pour nous, les travaux de l'histoire ne doivent pas être signés par un individu, mais par M. *Tout le monde.* C'est un labeur national auquel chacun est dans l'obligation de participer. Il doit en quelque sorte ressembler à ces planches de cuivre qui servent au ministère de la guerre pour l'établissement de nos cartes. Un changement est-il nécessaire, on enlève un morceau du métal, on le remplace par un autre plus satisfaisant. C'est un peu ce que nous avons fait ; c'est beaucoup ce qui reste à faire. Dans cet ordre d'idées, nous n'affirmerons jamais d'une manière absolue qu'à propos de dépêches concluantes. Pour le reste, nous n'émettrons qu'une opinion de probabilité, opinion et probabilité dérivant des documents rencontrés et servant de trait d'union à deux faits certains. Ces points dubitatifs qui n'engagent en rien la conscience de l'historien sont les morceaux mobiles de cette grande plaque gravée qui doit servir à l'achèvement de l'histoire de notre pays.

Voici la classification que nous avons adoptée.

INTRODUCTION.

De la méthode dans l'histoire.—Ce que c'est que Michel Le Tellier. —Cause des erreurs commises. —Documents relatifs à cette étude historique.

PREMIÈRE PARTIE (1643).

Michel Le Tellier nommé secrétaire d'État de la guerre.

Mort de Richelieu. —Disgrâce de Sublet de Noyers.

État de la France et de l'armée en 1643. — Généalogie des familles Le Tellier, Colbert et Fouquet.

Origine de la fortune de Le Tellier. — Ses débuts.

Révolte de Normandie. —Intendance d'Italie.

DEUXIÈME PARTIE (1643-1648).

1643. Mort de Louis XIII. — Rocroy. — Mort de Guébriant. — Débuts de Turenne. — Révolte de la Saintonge et de l'Angoumois. — Les sages.

1644. Fribourg. — Disgrâce du maréchal de Lamothe-Houdancourt.

1645. Nordlingen. — Prise de Lamotte.

1646. Campagne d'Allemagne par Turenne.
Expédition d'Italie.

1647. Mort de Gassion.

1648. Débuts de la Fronde. — Traité de Westphalie.
Les réformes.

TROISIÈME PARTIE (1649-1652).

La Fronde. — Les princes. — Prépondérance de Le Tellier. — Retraite momentanée de Le Tellier.— Fin de la Fronde. — Grandes réformes.

QUATRIÈME PARTIE (1653-1659).

Le jansénisme. - Sacre du roi. — Siége d'Arras. — Vauban. — Martinet. — Expédition de Naples. — Réorganisation de l'intendance. — Traité avec l'Angleterre. — Bataille des Dunes. — Prise de Dunkerque. — Réforme générale de l'armée. — Traité des Pyrénées.

CINQUIÈME PARTIE (1660-1666).

Du traité des Pyrénées à la fin du ministère de Michel Le Tellier. — Mariage du roi. — Expédition de Candie. — Mort de Mazarin. — Fouquet. — Colbert. — Rome. — Campagne de Lorraine. — Portugal. — Djidjelli. — Hongrie. — Erfurth. — Canada. — Madagascar. — Les Flandres. — Réformes.

SIXIÈME PARTIE.

La France en 1666 et la France en 1869.
L'armée française en 1666. — Son mécanisme. — Son esprit.
Parallèle de cette armée avec celle de 1643.
Rapport entre l'armée de 1666 et l'armée de 1869.
Résumé des réformes exécutées de 1643 à 1666.
Ensemble de ces réformes.
Correspondance entre Le Tellier et Louvois, de 1666 à 1685.
Le chancelier Le Tellier (1677-1685).
Ce qu'était Le Tellier ; ce qu'était Louvois.—Parallèle entre Le Tellier et Louvois.
Opinion, par ordre chronologique, des différents auteurs sur Le Tellier et Louvois.
Pièces justificatives qui n'ont pu être insérées dans le corps de l'ouvrage.

Pour terminer, nous ferons remarquer que notre premier chapitre est consacré à former une sorte d'état de la France à l'époque de la régence, un almanach royal de l'époque. En effet, il nous a semblé que, si nous abordions immédiatement l'histoire du département de la guerre, nous nous trouverions en face d'un mécanisme gouvernemental inconnu, d'une famille encore ignorée, qu'à chaque pas nous aurions à parler de fonctions, de personnages qui nous forceraient à renvoyer le lecteur à des notes explicatives bien incomplètes, entassées au bas des pages ou à la suite de chaque volume, notes qu'on ne lirait pas le plus souvent. D'ailleurs, en agissant ainsi, en ne nous occupant exclusivement que des affaires militaires, ne ressemblerions-nous pas à ces personnes qui, chargées de faire la description d'un hôtel, se contenteraient d'en détailler une chambre, sans chercher à montrer comment cette même chambre se rattache à l'ensemble du bâtiment?

Cette erreur dans la méthode des travaux historiques nous paraît avoir été trop souvent acceptée. Un auteur a-t-il parlé de la bataille de Rocroy, il croit avoir tout dit sur le mouvement militaire du siècle en nommant Condé et le carré espagnol. Un écrivain s'est-il occupé particulièrement du salon de Mme de Rambouillet, de Port-Royal et de quelques actes de Mazarin ou de la Fronde, il s'imagine avoir dépeint le dix-septième siècle et sa société. Or une société se compose d'éléments épars, et c'est la variété même de ces éléments qui donne un cachet au tout. Donc, pour bien apprécier un détail, en comprendre la mise en œuvre dans la masse, il est de toute nécessité de juger d'abord l'ensemble.

Nous eussions donc voulu pouvoir renvoyer le lecteur à un travail complet sur ce sujet, sur le mécanisme administratif et militaire, sur le personnel du temps et l'esprit général qui donnait la vie à cette machine compliquée, en un mot à une sorte d'almanach royal de l'époque. Malheureusement cette œuvre de synthèse n'a pas encore été faite pour les différentes phases de notre histoire nationale. En présence de cette lacune, nous avons essayé de la combler au moyen des documents existant à la date de 1643, documents groupés le plus parfaitement qu'il nous a été possible. Evidemment il y aura des erreurs commises. Ce n'est qu'avec le temps que l'on pourra rendre ce travail définitif.

C'est donc sous l'influence de cette idée que, avant de commencer l'historique du département de la guerre sous Michel Le Tellier, nous avons cru devoir établir :

1° Un état de la France en 1643 ;

2° Un état de l'armée à la même époque ;

3° La généalogie de la famille Le Tellier ;

4° La généalogie de la famille Colbert ;

5° L'origine de la fortune des Le Tellier et l'historique des premières années de ce ministre.

Cela fait, maître alors du sujet, chacun comme nous-même pourra mieux saisir la marche des événements et des idées, ainsi que l'importance des réformes entreprises par l'homme d'Etat dont nous avons essayé de nous occuper.

www.ingramcontent.com/pod-product-compliance
Lightning Source LLC
LaVergne TN
LVHW010059230826
846091LV00005B/2012

* 9 7 8 2 0 1 1 7 8 2 3 7 3 *